www.ingramcontent.com/pod-product-compliance
Lightning Source LLC
LaVergne TN
LVHW010438070526
838199LV00066B/6066
9789369089741

مقدمہ تفہیم القرآن

مولانا ابوالاعلیٰ مودودی

© Taemeer Publications LLC
Muqadma Tafheem-ul-Quran
by: Abul A'la Maududi
Edition: December '2024
Publisher :
Taemeer Publications LLC (Michigan, USA / Hyderabad, India)

ISBN 978-93-6908-974-1
9 789369 089741

مرتب یاناشر کی پیشگی اجازت کے بغیر اس کتاب کا کوئی بھی حصہ کسی بھی شکل میں بشمول ویب سائٹ پر اَپ لوڈنگ کے لیے استعمال نہ کیا جائے۔ نیز اس کتاب پر کسی بھی قسم کے تنازع کو نمٹانے کا اختیار صرف حیدرآباد (تلنگانہ) کی عدلیہ کو ہوگا۔

© تعمیر پبلی کیشنز

کتاب	:	**مقدمہ تفہیم القرآن**
مصنف	:	**ابوالاعلیٰ مودودی**
جمع وترتیب / تدوین	:	اعجاز عبید
صنف	:	مذہب
ناشر	:	تعمیر پبلی کیشنز (حیدرآباد، انڈیا)
سالِ اشاعت	:	۲۰۲۴ء
صفحات	:	۴۸
سرورق ڈیزائن	:	تعمیر ویب ڈیزائن

مقدمہ

ان گزارشوں کے عنوان میں لفظ 'مقدمہ' دیکھ کر کسی کو یہ غلط فہمی نہ ہو کہ میں قرآن کا مقدمہ لکھ رہا ہوں۔ یہ قرآن کا نہیں تفہیم القرآن کا مقدمہ ہے، اور اس کے لکھنے سے میرے پیش نظر دو مقصد ہیں:

اوّل یہ کہ قرآن کا مطالعہ شروع کرنے سے پہلے ایک عام ناظر ان باتوں سے اچھی طرح واقف ہو جائے جن کو ابتداء ہی میں سمجھ لینے سے فہمِ قرآن کی راہ آسان ہو جاتی ہے، ورنہ یہ باتیں دوران مطالعہ بار بار کھٹکتی ہیں اور بسا اوقات محض ان کو نہ سمجھنے کی وجہ سے آدمی برسوں تک معنئ قرآن کی سطح ہی پر گھومتا رہتا ہے، گہرائی میں اترنے کا رستہ اسے نہیں ملتا۔

دوم یہ کہ ان سوالات کا جواب پہلے ہی دے دیا جائے جو قرآن سمجھنے کی کوشش کرتے وقت بالعموم لوگوں کے ذہن میں پیدا ہوا کرتے ہیں، میں اس مقدمہ میں صرف ان سوالات

کا جواب دوں گا جو خود میرے ذہن میں اوّل اوّل پیدا ہوئے تھے، یا جن سے بعد میں مجھ کو سابقہ پیش آیا۔ ان کے علاوہ اگر کچھ اور سوالات بھی جواب طلب باقی رہ گئے ہوں تو ان سے مجھے آگاہ کیا جائے۔ ان کا جواب اِن شاء اللہ آئندہ اشاعت کے موقع پر اس مقدمہ میں بڑھا دیا جائے گا۔

عام طور پر ہم جن کتابوں کے پڑھنے کے عادی ہیں، ان میں ایک متعین موضوع پر معلومات، خیالات اور دلائل کو ایک خاص تصنیفی ترتیب کے ساتھ مسلسل بیان کیا جاتا ہے۔ اسی بنا پر جب ایک ایسا شخص جو قرآن سے ابھی تک اجنبی رہا ہو، پہلی مرتبہ اس کتاب کے مطالعے کا ارادہ کرتا ہے تو وہ یہ توقع لئے ہوئے آگے بڑھتا ہے کہ 'کتاب' ہونے کی حیثیت سے اس میں عام کتابوں کی طرح پہلے موضوع کا تعین ہو گا، پھر اصل مضمون کو ابواب اور فصول میں تقسیم کر کے ترتیب وار ایک ایک مسئلے پر بحث کی جائے گی، اور اسی طرح زندگی کے ایک ایک شعبے کو بھی، الگ الگ لے کر اس کے متعلق احکام و ہدایات سلسلہ وار درج ہوں گی۔ لیکن جب وہ کتاب کھول کر مطالعہ شروع کرتا ہے تو اسے یہاں اپنی توقع کے بالکل خلاف ایک دوسرے ہی اندازِ بیان سے سابقہ پیش آتا ہے جس سے وہ اب تک بالکل نا آشنا تھا۔ یہاں وہ دیکھتا ہے کہ اعتقادی مسائل، اخلاقی ہدایت، شرعی احکام، دعوت، نصیحت، عبرت، تنقید، ملامت، تخویف، بشارت، تسلی، دلائل، شواہد، تاریخی قصے، آثار کائنات کی طرف اشارے، بار بار ایک دوسرے کے بعد آ رہے ہیں۔ ایک ہی مضمون مختلف طریقوں سے مختلف الفاظ میں دہرایا جا رہا ہے۔ ایک مضمون کے بعد دوسرا اور

دوسرے کے بعد تیسرا اچانک شروع ہو جاتا ہے، بلکہ ایک مضمون کے بیچ میں دوسرا مضمون یکایک آجاتا ہے، مخاطب اور متکلم بار بار بدلتے ہیں اور خطاب کا رخ رہ رہ کر مختلف سمتوں میں پھرتا ہے، بابوں اور فصلوں کی تقسیم کا کہیں نشان نہیں۔ تاریخ ہے تو تاریخ نگاری کے انداز میں نہیں۔ فلسفہ و ما بعد الطبیعیات ہیں تو منطق و فلسفہ کی زبان میں نہیں۔ انسان اور موجودات عالم کا ذکر ہے تو علوم طبیعی کے طریقے پر نہیں۔ تمدن و سیاست اور معیشت و معاشرت کی گفتگو ہے تو علومِ عمران کے طرز پر نہیں۔ قانونی احکام اور اصولِ قانون کا بیان ہے تو مقننوں کے ڈھنگ سے بالکل مختلف۔ اخلاق کی تعلیم ہے تو فلسفۂ اخلاق کے سارے لٹریچر سے اس کا انداز جدا۔ یہ سب کچھ اپنے سابق کتابی تصور کے خلاف پا کر آدمی پریشان ہو جاتا ہے اور یوں محسوس ہونے لگتا ہے کہ یہ ایک غیر مرتب، غیر مربوط، منتشر کلام ہے جو اوّل سے لے کر آخر تک بے شمار چھوٹے بڑے مختلف شذرات پر مشتمل ہے، مگر مسلسل عبارت کی شکل میں لکھ دیا گیا ہے، مخالفانہ نقطۂ نظر سے دیکھنے والا اسی پر طرح طرح کے اعتراضات کی بنا رکھ دیتا ہے، اور منافقانہ نقطۂ نظر رکھنے والا کبھی معنی کی طرف سے آنکھیں بند کر کے شکوک کی طرف سے بچنے کی کوشش کرتا ہے، کبھی اس ظاہری بے ترتیبی کی تاویلیں کر کے اپنے دل کو سمجھا لیتا ہے، کبھی مصنوعی طریقے سے ربط تلاش کر کے عجیب عجیب نتائج نکالتا ہے، اور کبھی 'نظریہ شذرات' کو قبول کر لیتا ہے جس کی وجہ سے ہر آیت اپنے سیاق و سباق سے الگ ہو کر ایسی معنی آفرینیوں کی آماجگاہ بن جاتی ہے جو قائل کے منشاء کے خلاف ہوتی ہیں۔

پھر ایک کتاب کو اچھی طرح سمجھنے کے لئے ضروری ہے کہ پڑھنے والے کو اس کا موضوع معلوم ہو، اس کے مقصد و مدّعا اور اس کے مرکزی مضمون کا علم ہو، اس کے اندازِ بیان سے واقفیت ہو، اس کی اصطلاحی زبان اور اس کے مخصوص طرزِ تعبیر سے شناسائی ہو اور اس کے بیانات اپنی ظاہری عبارت کے پیچھے جن احوال و معاملات سے تعلق رکھتے ہوں وہ بھی نظر کے سامنے رہیں۔ عام طور پر جو کتابیں ہم پڑھتے ہیں ان میں یہ چیزیں با آسانی مل جاتی ہیں اس لئے ان کے مضامین کی تہہ تک پہنچنے میں ہمیں کوئی بڑی زحمت نہیں ہوتی۔ مگر قرآن میں یہ اس طرح نہیں ملتیں جس طرح ہم دوسری کتابوں میں انہیں پانے کے عادی رہے ہیں۔ اس لئے ایک عام کتاب خواں کی سی ذہنیت لے کر جب ہم میں کا کوئی شخص قرآن کا مطالعہ شروع کرتا ہے تو اسے کتاب کے موضوع، مدعا اور مرکزی مضمون کا سراغ نہیں ملتا، اس کا اندازِ بیان اور طرز تعبیر بھی اسے کچھ اجنبی سا محسوس ہوتا ہے، اور اکثر مقامات پر اس کی عبارات کا پس منظر بھی اس کی نگاہوں سے اوجھل رہتا ہے۔ نتیجہ یہ ہوتا ہے کہ متفرق آیات میں حکمت کے جو موتی بکھرے ہوئے ہیں ان سے کم و بیش مستفید ہونے کے باوجود آدمی کلام اللہ کی اصلی روح تک پہنچنے سے محروم رہ جاتا ہے اور علم کتاب حاصل کرنے کے بجائے اس کو کتاب کے محض چند منتشر نکات و فوائد پر قناعت کر لینی پڑتی ہے۔ بلکہ اکثر لوگ جو قرآن کا مطالعہ کر کے شبہات میں مبتلا ہو جاتے ہیں ان کے بھٹکنے کی ایک وجہ یہ بھی ہے کہ فہمِ کتاب کے ان ضروری مبادی سے ناواقف رہتے ہوئے

جب وہ قرآن کو پڑھتے ہیں تو اس کے صفحات پر مختلف مضامین انہیں بکھرے ہوئے نظر آتے ہیں، بکثرت آیات کا مطلب ان پر نہیں کھلتا، بہت سی آیات کو دیکھتے ہیں کہ بجائے خود نورِ حکمت سے جگمگا رہی ہیں مگر سیاق عبارت میں بالکل بے جوڑ محسوس ہوتی ہیں، متعدد مقامات پر تعبیرات اور اسلوبِ بیان کی ناواقفیت انہیں اصل مطلب سے ہٹا کر کسی اور ہی طرف لے جاتی ہے اور اکثر مواقع پر پس منظر کا صحیح علم نہ ہونے سے شدید غلط فہمیاں پیش آتی ہیں۔

قرآن کس قسم کی کتاب ہے؟ اس کے نزول کی کیفیت اور اس کی ترتیب کی نوعیت کیا ہے؟ اس کا موضوعِ گفتگو کیا ہے؟ اس کی ساری بحث کس مدعا کے لئے ہے؟ کس مرکزی مضمون کے ساتھ اس کے یہ بے شمار مختلف النوع مضامین وابستہ ہیں؟ کیا طرزِ استدلال اور کیا طرزِ بیان اس نے اپنے مدعا کے لئے اختیار کیا ہے؟ یہ اور ایسے ہی دوسرے چند ضروری سوالات ہیں جن کا جواب صاف اور سیدھے طریقے سے اگر آدمی کو ابتدا ہی میں مل جائے تو وہ بہت سے خطرات سے بچ سکتا ہے اور اس کے لیے فہم و تدبر کی راہیں کشادہ ہو سکتی ہیں، جو قرآن میں تصنیفی ترتیب تلاش کرتا ہے اور وہاں اسے نہ پا کر کتاب کے صفحات میں بھٹکنے لگتا ہے، اس کی پریشانی کی اصل وجہ یہی ہے کہ مطالعہ قرآن کے ان مبادی سے ناواقف ہوتا ہے۔ وہ اس گمان کے ساتھ مطالعہ شروع کرتا ہے کہ وہ 'مذہب'

کے موضوع پر کتاب پڑھنے چلا ہے۔ 'مذہب' کا موضوع اور 'کتاب' ان دونوں کا تصور اس کے ذہن میں وہی ہوتا ہے جو بالعموم 'مذہب' اور 'کتاب' کے متعلق ذہنوں میں پایا جاتا ہے۔ مگر جب وہاں اسے اپنے ذہنی تصور سے بالکل ہی مختلف ایک چیز سے سابقہ پیش آتا ہے تو وہ اپنے آپ کو اس سے مانوس نہیں کر سکتا اور سر رشتۂ مضمون ہاتھ نہ آنے کے باعث بین السّطوریوں بھٹکنا شروع کر دیتا ہے جیسے وہ ایک اجنبی مسافر ہے جو کسی نئے شہر کی گلیوں میں کھو گیا ہے۔ اس گم گشتگی سے وہ بچ جائے اگر اسے پہلے ہی بتا دیا جائے کہ تم جس کتاب کو پڑھنے جا رہے ہو وہ تمام دنیا کے لٹریچر میں اپنے طرز کی ایک ہی کتاب ہے، اس کی "تصنیف" دنیا کی ساری کتابوں سے بالکل مختلف طور پر ہوئی ہے، اپنے موضوع اور مضمون اور ترتیب کے لحاظ سے بھی وہ ایک نرالی چیز ہے، لہذا تمہارے ذہن کا وہ 'کتابی' سانچہ جو اب تک کتب بینی سے بنا ہے، اس کتاب کے سمجھنے میں تمہاری مدد نہ کرے گا بلکہ الٹا مزاحم ہو گا۔ اسے سمجھنا چاہتے ہو تو اپنے پہلے سے قائم کئے ہوئے قیاسات کو ذہن سے نکال کر اس کی عجیب خصوصیات سے شناسائی حاصل کر لو۔

اس سلسلے میں سب سے پہلے ناظر کو قرآن کی اصل سے واقف ہو جانا چاہیے۔ وہ خود اس پر ایمان لائے یا نہ لائے، مگر اس کتاب کو سمجھنے کے لئے اسے نقطۂ آغاز کے طور پر اس کی وہی اصل قبول کرنی ہوگی جو خود اس نے اور اس کے پیش کرنے والے (یعنی محمد صلی اللہ علیہ وآلہٖ وسلم) نے بیان کی ہے۔ اور وہ یہ ہے :

۱۔ خداوند عالم نے، جو ساری کائنات کا خالق اور مالک اور فرمانروا ہے، اپنی بے پایاں مملکت کے اس حصے میں جسے زمین کہتے ہیں، انسان کو پیدا کیا۔ اسے جاننے اور سوچنے اور سمجھنے کی قوتیں دیں۔ بھلائی اور برائی کی تمیز دی۔ انتخاب اور ارادے کی آزادی عطا کی۔ تصرف کے اختیارات بخشے اور فی الجملہ ایک طرح کی خود اختیاری (autonomy) دے کر اسے زمین میں اپنا خلیفہ بنایا۔

۲۔ اس منصب پر انسان کو مقرر کرتے وقت خداوند عالم نے اچھی طرح اس کے کان کھول کر یہ بات اس کے ذہن نشین کر دی تھی کہ تمہارا اور تمام جہان کا مالک، معبود اور حاکم میں ہوں۔ میری اس سلطنت میں نہ تم خود مختار ہو نہ کسی دوسرے کے بندے ہو اور نہ کوئی میرے سوا تمہاری اطاعت اور بندگی اور پرستش کا مستحق ہے۔ دنیا کی یہ زندگی جس میں تمہیں اختیارات دے کر بھیجا جا رہا ہے دراصل تمہارے لئے ایک امتحان کی مدّت ہے جس کے بعد تمہیں میرے پاس واپس آنا ہوگا اور میں تمہارے کام کی جانچ کر کے فیصلہ دوں گا کہ تم میں سے کون امتحان میں کامیاب رہا اور کون ناکام۔ تمہارے لئے صحیح رویہ یہ ہے کہ مجھے اپنا واحد معبود اور حاکم تسلیم کرو۔ جو ہدایت میں بھیجوں اس کے مطابق دنیا میں کام کرو، اور دنیا کو دارالامتحان سمجھتے ہوئے اس شعور کے ساتھ زندگی بسر کرو کہ تمہارا اصل مقصد میرے آخری فیصلے میں کامیاب ہونا ہے اس کے برعکس تمہارے لئے ہر وہ رویہ غلط ہے جو اس سے مختلف ہو۔ اگر پہلا رویہ اختیار کرو گے (جسے اختیار کرنے کے لئے تم آزاد ہو) تو تمہیں دنیا میں امن و اطمینان حاصل ہوگا اور جب میرے پاس پلٹ کر آؤ گے تو میں تمہیں ابدی

راحت و مسّرت کا وہ گھر دوں گا جس کا نام جنت ہے۔ اور اگر دوسرے کسی رویہ پر چلو گے (جس پر چلنے کے لئے بھی تم کو آزادی ہے) تو دنیا میں تم کو فساد اور بے چینی کا مزا چکھنا ہو گا اور دنیا سے گزر کر عالم آخرت میں جب آؤ گے تو ابدی رنج و مصیبت کے اس گڑھے میں پھینک دیئے جاؤ گے جس کا نام دوزخ ہے۔

۳۔ یہ فہمائش کر کے مالک کائنات نے نوع انسانی کو زمین میں جگہ دی اور اس نوع کے اولین افراد (آدم اور حوا) کو وہ ہدایت بھی دیدی جس کے مطابق انہیں اور ان کی اولاد کو زمین میں کام کرنا تھا۔ یہ اوّلین انسان جہالت اور تاریکی کی حالت میں پیدا نہیں ہوئے تھے بلکہ خدا نے زمین پر ان کی زندگی کا آغاز پوری روشنی میں کیا تھا۔ وہ حقیقت سے واقف تھے۔ انہیں ان کا قانون حیات بتا دیا گیا تھا۔ ان کا طریق زندگی خدا کی اطاعت (یعنی اسلام) تھا، اور وہ اپنی اولاد کو یہی بات سکھا کر گئے کہ وہ مطیع خدا (مسلم) بن کر رہیں۔ لیکن بعد کی صدیوں میں رفتہ رفتہ انسان اس صحیح طریقِ زندگی (دین) سے منحرف ہو کر مختلف قسم کے غلط رویوں کی طرف چل پڑے۔ انہوں نے غفلت سے اس کو گم بھی کیا اور شرارت سے اس کو مسخ بھی کر ڈالا۔ انہوں نے خدا کے ساتھ زمین اور آسمان کی مختلف انسانی اور غیر انسانی، خیالی اور مادی ہستیوں کو خدائی میں شریک ٹھیرا لیا۔ انہوں نے خدا کے دیے ہوئے علمِ حقیقت (العلم) میں طرح طرح کے اوہام اور نظریوں اور فلسفوں کی آمیزش کر کے بے شمار مذہب پیدا کر لئے۔ انہوں نے خدا کے مقرر کیئے ہوئے عادلانہ اصول اخلاق و تمدن (شریعت) کو

چھوڑ کر یا بگاڑ کر اپنی خواہشات نفس اور اپنے تعصّبات کے مطابق ایسے قوانین زندگی گھڑ لئے جن سے خدا کی زمین ظلم سے بھر گئی۔

۴۔ خدا نے جو محدود خود اختیاری انسان کو دی تھی اس کے ساتھ یہ بات مطابقت نہ رکھتی تھی کہ وہ اپنی تخلیقی مداخلت سے کام لے کر ان بگڑے ہوئے انسانوں کو زبردستی صحیح رویہ کی طرف موڑ دیتا۔ اور اس دنیا میں کام کرنے کے لئے جو مہلت اس نوع کے لئے اور اس کی مختلف قوموں کے لئے مقرر کی تھی اس کے ساتھ یہ بات بھی مطابقت نہ رکھتی تھی کہ اس بغاوت کے رونما ہوتے ہی وہ انسانوں کو ہلاک کر دیتا۔ پھر جو کام ابتدائے آفرینش سے اس نے اپنے ذمہ لیا تھا وہ یہ تھا کہ انسان کی خود اختیاری کو برقرار رکھتے ہوئے اس کی مہلتِ عمل کے دوران میں اس کی رہنمائی کا انتظام وہ کرتا رہے گا۔ چنانچہ اپنی اس خود عائد کردہ ذمہ داری کو ادا کرنے کے لئے اس نے انسانوں ہی میں سے ایسے آدمیوں کو استعمال کرنا شروع کیا جو اس پر ایمان رکھنے والے اور اس کی رضا کی پیروی کرنے والے تھے۔ اس نے ان کو اپنا نمائندہ بنایا تھا۔ اپنے پیغامات ان کے پاس بھیجے۔ ان کو علم حقیقت بخشا۔ انہیں صحیح قانونِ حیات عطا کیا اور انہیں اس کام پر مامور کیا کہ بنی آدم کو اسی راہ راست کی طرف پلٹنے کی دعوت دیں جس سے وہ ہٹ گئے تھے۔

۵۔ یہ پیغمبر مختلف قوموں اور ملکوں میں اٹھتے رہے۔ ہزارہا برس تک ان کی آمد کا سلسلہ چلتا رہا۔ ہزارہا کی تعداد میں وہ مبعوث ہوئے۔ ان سب کا ایک ہی دین تھا یعنی وہ صحیح رویہ جو اوّل روز ہی انسان کو بتا دیا گیا تھا۔ وہ سب ایک ہی ہدایت کے پیرو تھے، یعنی اخلاق و تمدن

کے وہ ازلی و ابدی اُصول جو آغاز ہی میں انسان کے لئے تجویز کر دیے گئے تھے۔ اور ان سب کا ایک ہی مشن تھا یعنی یہ کہ اس دین اور اس ہدایت کی طرف اپنے ابنائے نوع کو دعوت دیں، پھر جو لوگ اس دعوت کو قبول کرلیں ان کو منظم کر کے ایک ایسی امت بنائیں جو خود اللہ کے قانون کی پابند ہو اور دنیا میں قانونِ الٰہی کی اطاعت قائم کرنے اور اس قانون کی خلاف ورزی سے روکنے کے لئے جد و جہد کرے۔ ان پیغمبروں نے اپنے اپنے دور میں اپنے اس مشن کو پوری خوبی کے ساتھ ادا کیا مگر ہمیشہ یہی ہوتا رہا کہ انسانوں کی ایک کثیر تعداد تو ان کی دعوت قبول کرنے پر آمادہ ہی نہ ہوئی اور جنہوں نے اسے قبول کر کے امت مسلمہ کی حیثیت اختیار کی وہ رفتہ رفتہ خود بگڑتے چلے گئے حتیٰ کہ ان میں سے بعض امتیں ہدایتِ الٰہی کو بالکل ہی گم کر بیٹھیں اور بعض نے خدا کے ارشادات کو اپنی تحریفات اور آمیزشوں سے مسخ کر دیا۔

۶۔ آخر کا خداوندِ عالم نے سر زمینِ عرب میں محمد ﷺ کو اس کام کے لئے مبعوث کیا جس کے لئے پچھلے انبیاء آتے رہے تھے۔ ان کے مخاطب عام انسان بھی تھے اور پچھلے انبیاء کے بگڑے ہوئے پیرو بھی۔ سب کو صحیح رویہ کی طرف دعوت دینا، سب کو ازسر نو خدا کی ہدایت پہنچا دینا اور جو اس دعوت کو قبول کریں انہیں ایک ایسی امت بنا دینا ان کا کام تھا جو ایک طرف خود اپنی زندگی کا نظام خدا کی ہدایت پر قائم کرے اور دوسری طرف دنیا کی اصلاح کے لئے جد و جہد کرے۔۔۔ اسی دعوت اور ہدایات کی کتاب قرآن ہے جو اللہ نے محمد ﷺ پر نازل فرمائی۔

قرآن کی یہ اصل معلوم ہو جانے کے بعد ناظرین کے لئے یہ سمجھنا آسان ہو جاتا ہے کہ اس کتاب کا موضوع کیا ہے، اس کا مرکزی مضمون کیا ہے، اور اسکا مدّعا کیا ہے۔

اس کا موضوع انسان ہے، اس اعتبار سے کہ بلحاظ حقیقت نفس الامری اس کی فلاح اور اس کا خسران کس چیز میں ہے۔

اس کا مرکزی مضمون یہ ہے کہ ظاہر بینی یا قیاس آرائی یا خواہش کی غلامی کے سبب سے انسان نے خدا اور نظام کائنات اور اپنی ہستی اور اپنی دنیوی زندگی کے متعلق جو نظریات قائم کیے ہیں، اور ان نظریات کی بنا پر جو رویے اختیار کر لیے ہیں وہ سب حقیقت نفس الامری کے لحاظ سے غلط اور نتیجے کے اعتبار سے خود انسان ہی کے لیے تباہ کن ہیں، حقیقت وہ ہے جو انسان کو خلیفہ بناتے وقت خدا نے خود بتا دی تھی۔ اور اس حقیقت کے لحاظ سے انسان کے لیے وہی رویہ درست اور خوش انجام ہے جسے پچھلے صفحات میں ہم 'صحیح رویہ' کے نام سے بیان کر چکے ہیں۔

اس کا مدعا انسان کو اس صحیح رویہ کی طرف دعوت دینا اور اللہ کی اس ہدایت کو واضح طور پر پیش کرنا ہے جسے انسان اپنی غفلت سے گم اور اپنی شرارت سے مسخ کر دیتا ہے۔

ان تین بنیادی امور کو ذہن میں رکھ کر کوئی شخص قرآن کو دیکھے تو اسے صاف نظر آئے گا کہ یہ کتاب کہیں اپنے موضوع اور اپنے مدعا اور مرکزی مضمون سے بال برابر بھی نہیں ہٹی ہے۔ اول سے لے کر آخر تک اس کے مختلف النوع مضامین اس کے مرکزی مضمون کے ساتھ

اسی طرح جڑے ہوئے ہیں جیسے ایک ہار کے چھوٹے بڑے رنگ برنگ جواہر ہار کے رشتے میں مربوط و منسلک ہوتے ہیں۔ وہ زمین اور آسمان کی ساخت پر، انسان کی خلقت پر آثار کائنات کے مشاہدات اور گزری ہوئی قوموں کے واقعات پر گفتگو کرتا ہے، مختلف قوموں کے عقائد و و اخلاق اور اعمال پر تنقید کرتا ہے، ما بعد الطبیعی امور و مسائل کی تشریح کرتا ہے، اور بہت سی دوسری چیزوں کا ذکر بھی کرتا ہے مگر اسلئے نہیں کی اسے طبعیات یا تاریخ یا فلسفے یا کسی اور فن کی تعلیم دینی ہے، بلکہ اس لئے کہ اسے حقیقت نفس الامری کے متعلق انسان کی غلط فہمیاں دور کرنی ہیں، اصل حقیقت لوگوں کو ذہن نشین کرنی ہے، خلاف حقیقت رویہ کی غلطی و بدانجامی واضح کرنی ہے، اور اس رویہ کی طرف دعوت دینی ہے، جو مطابق حقیقت اور خوش انجام ہے، یہ ہی وجہ ہے کے وہ ہر چیز کا ذکر صرف اس حد تک اور اس انداز میں کرتا ہے جو اس کے مدعا کے لئے ضروری ہے، ہمیشہ ان چیزوں کا ذکر بقدر ضرورت کرنے کے بعد غیر متعلق تفصیلات کو چھوڑ کر اپنے مقصد اور مرکزی مضمون کی طرف رجوع کرتا ہے، اور اس کا سارا بیان انتہائی یکسانی کے ساتھ دعوت کے محور پر گھومتا رہتا ہے۔

مگر قرآن کے طرز بیان اور اس کی ترتیب اور اس کے بہت سے مضامین کو آدمی اس وقت تک اچھی طرح نہیں سمجھ سکتا جب تک کہ وہ اس کی کیفیت نزول کو بھی اچھی طرح نہ سمجھ لے۔ یہ قرآن اس نوعیت کی کتاب نہیں ہے کہ اللہ تعالیٰ نے بیک وقت اسے محمد ﷺ کو دے دیا ہو اور کہہ دیا ہو کے اسے شائع کر کے لوگوں کو ایک خاص رویہ زندگی کی طرف

بلائیں۔ نیز یہ اس نوعیت کی کتاب بھی نہیں ہے کہ اس میں منصفانہ انداز پر کتاب کے موضوع اور مرکزی مضمون کے متعلق بحث کی گئی ہو۔ یہی وجہ ہے کہ نہ اس میں تصنیفی ترتیب پائی جاتی ہے اور نہ ہی کتابی اسلوب۔ دراصل اس کی نوعیت یہ ہے کہ اللہ تعالیٰ نے عرب کے شہر مکہ میں اپنے ایک بندے کو پیغمبری کی خدمت کے لئے منتخب کیا اور اسے حکم دیا کے اپنے شہر اپنے قبیلہ (قریش) سے دعوت کی ابتداء کرے۔ یہ کام شروع کرنے کے لئے آغاز میں جن ہدایت کی ضرورت تھی صرف وہی دی گئیں ہیں اور وہ زیادہ تر تین مضمونوں پر مشتمل تھیں :

ایک، پیغمبر کو اس امر کی تعلیم کہ وہ خود اپنے آپ کو اس عظیم الشان کام کے لئے کس طرح تیار کریں اور کس طرز پر کام کریں۔

دوسرے، حقیقت نفس الامری کے متعلق ابتدائی معلومات اور حقیقت کے بارے میں ان غلط فہمیوں کی مجمل تردید جو گردو پیش کے لوگوں میں پائی جاتی ہے، جن کی وجہ سے ان کا رویہ غلط ہو رہا تھا۔

تیسرے صحیح رویہ کی طرف دعوت اور ہدایت الٰہی کے ان بنیادی اصول اخلاق کا بیان جن کی پیروی میں انسان کے لئے فلاح و سعادت ہے۔

شروع شروع کے یہ پیغامات ابتدائے دعوت کی مناسبت سے چند چھوٹے چھوٹے مختصر بولوں پر مشتمل ہوتے تھے جن کی زبان نہایت شستہ، نہایت پر اثر اور مخاطب قوم کے

مذاق کے مطابق بہترین ادبی رنگ لئے ہوئے ہوتی تھی تاکہ دلوں میں یہ بول تیرو نشتر کی طرح پیوست ہو جائیں، کان خود بخود ان کے ترنم کی وجہ سے ان کی طرف متوجہ ہوں، اور زبانیں ان کے حسن تناسب کی وجہ سے بے اختیار ہو کر انہیں دہرانے لگیں۔ پھر ان میں مقامی رنگ بہت زیادہ تھا۔ اگرچہ بیان تو کی جا رہی تھیں عالمگیر صداقتیں مگر ان کے لئے دلائل و شواہد اور مثالیں اس قریب ترین ماحول سے لی گئی تھیں جس سے مخاطب لوگ اچھی طرح مانوس تھے۔ انہی کی تاریخ، انہی کی روایات، روزمرہ مشاہدہ میں آنے والے آثار اور انہی کی اعتقادی اخلاقی اور اجتماعی خرابیوں پر ساری گفتگو تھی تاکہ وہ اس سے اثر لے سکیں۔

دعوت کا یہ ابتدائی مرحلہ تقریباً چار سال تک جاری رہا، اور اس مرحلہ میں نبی ﷺ کی تبلیغ کا رد عمل تین صورتوں میں ظاہر ہوا:

(۱) چند صالح آدمی اس دعوت کو قبول کر کے امت مسلمہ بننے کے لئے تیار ہو گئے۔

(۲) ایک کثیر تعداد جہالت یا خود غرضی یا آبائی طریقے کی محبت کے سبب سے مخالفت پر آمادہ ہو گئی۔

(۳) مکہ اور قریش کی حدود سے نکل کر اس نئی دعوت کی آواز نسبتاً زیادہ وسیع حلقے میں پہنچنے لگی۔

یہاں سے اس دعوت کا دوسرا مرحلہ شروع ہوتا ہے۔ اس مرحلے میں اسلام کی اس تحریک اور پرانی جاہلیت کے درمیان ایک سخت جاں گسل کشمکش برپا ہوئی جس کا سلسلہ آٹھ نو سال تک چلتا رہا۔ نہ صرف مکے میں، نہ صرف قبیلہ قریش میں، بلکہ عرب کے بیشتر حصوں میں بھی جو لوگ پرانی جاہلیت کو برقرار رکھنا چاہتے تھے وہ اس تحریک کو بزور مٹا دینے پر تل گئے۔ انہوں نے اسے دبانے کے لیے سارے حربے استعمال کر ڈالے۔ جھوٹا پروپیگنڈا کیا، الزامات اور شبہات اور اعتراضات کی بوچھاڑ کی، عوام الناس کے دلوں میں طرح طرح کی وسوسہ اندازیاں کیں، ناواقف لوگوں کو نبی ﷺ کی بات سننے سے روکنے کی کوششیں کیں، اسلام قبول کرنے والوں پر نہایت وحشیانہ ظلم و ستم ڈھائے، ان کا معاشی اور معاشرتی مقاطعہ کیا، اور ان کو اتنا تنگ کیا کہ ان میں سے بہت سے لوگ دو دفعہ اپنے گھر چھوڑ کر حبش کی طرف ہجرت کر جانے پر مجبور ہوئے اور بالآخر تیسری مرتبہ ان سب کو مدینے کی طرف ہجرت کرنی پڑی۔ لیکن اس شدید اور روز افزوں مزاحمت کے باوجود یہ تحریک پھیلتی چلی گئی۔ مکے میں کوئی خاندان اور کوئی گھر ایسا نہ رہا جس کے کسی نہ کسی فرد نے اسلام قبول نہ کر لیا ہو۔ بیشتر مخالفین اسلام کی دشمنی میں شدت اور تلخی کی وجہ یہی تھی کہ ان کے اپنے بھائی، بھتیجے، بیٹے، بیٹیاں، بہنیں اور بہنوئی دعوتِ اسلام کے نہ صرف پیرو بلکہ جاں نثار حامی ہو گئے تھے اور ان کے اپنے دل و جگر کے ٹکڑے ہی ان سے برسرِ پیکار ہونے کو تیار تھے۔ پھر لطف یہ ہے کہ جو لوگ پرانی جاہلیت سے ٹوٹ ٹوٹ کر اس نوخیز تحریک کی طرف آ رہے تھے وہ پہلے بھی اپنی سوسائٹی کے بہترین لوگ سمجھے جاتے تھے اور اس تحریک میں شامل

15

ہونے کے بعد وہ اتنے نیک، اتنے راست باز اور اتنے پاکیزہ اخلاق کے انسان بن جاتے تھے کہ دنیا اس دعوت کی برتری محسوس کیے بغیر رہ نہیں سکتی تھی جو ایسے لوگوں کو اپنی طرف کھینچ رہی تھی اور انہیں یہ کچھ بنا رہی تھی۔

اس طویل اور شدید کشمکش کے دوران میں اللہ تعالیٰ حسب موقع اور حسب ضرورت اپنے نبی ﷺ پر ایسے پر جوش خطبے نازل کرتا رہا ہے جن میں دریا کی سی روانی، سیلاب کی سی قوت اور تیز و تند آگ کی سی تاثیر تھی۔ ان خطبوں میں ایک طرف اہل ایمان کو ان کے ابتدائی فرائض بتائے گئے، ان کے اندر جماعتی شعور پیدا کیا گیا، انہیں تقویٰ اور فضیلتِ اخلاق اور پاکیزگیِ سیرت کی تعلیم دی گئی، ان کو دین حق کی تبلیغ کے طریقے بتائے گئے، کامیابی کے وعدوں اور جنت کی بشارتوں سے ان کی ہمت بندھائی گئی، انہیں صبر و ثبات اور بلند حوصلگی کے ساتھ اللہ کی راہ میں جدوجہد کرنے پر اُبھارا گیا اور فداکاری کا ایسا زبردست جوش اور ولولہ ان مین پیدا کیا گیا کہ وہ ہر مصیبت جھیل جانے اور مخالفت کے بڑے سے بڑے طوفانوں کا مقابلہ کرنے کے لیے تیار ہو گئے۔ دوسری طرف مخالفین اور راہ راست سے منہ موڑنے والوں اور غفلت کی نیند سونے والوں کو ان قوموں کے انجام سے ڈرایا گیا جن کی تاریخ سے وہ خود واقف تھے، ان تباہ شدہ بستیوں کے آثار سے عبرت دلائی گئی جن کے کھنڈروں پر سے شب روز اپنے سفروں میں ان کا گزر ہوتا تھا، توحید اور آخرت کی دلیلیں ان کھلی کھلی نشانیوں سے دی گئیں جو رات دن زمین اور آسمان میں ان کی آنکھوں کے سامنے نمایاں تھیں اور جن کو وہ اپنی زندگی میں بھی ہر وقت دیکھتے اور محسوس کرتے تھے، شرک اور

دعوائے خود مختاری اور انکارِ آخرت اور تقلیدِ آبائی کی غلطیاں ایسے بیّن دلائل سے واضح کی گئیں جو دل کو لگنے اور دماغ میں اتر جانے والے تھے۔ پھر ان کے ایک ایک شبہ کو رفع کیا گیا، ایک ایک اعتراض کا معقول جواب دیا گیا، ایک ایک الجھن جس میں وہ خود پڑے ہوئے تھے یا دوسروں کو الجھانے کی کوشش کرتے تھے، صاف کی گئی، اور ہر طرف سے گھیر کر جاہلیت کو ایسا تنگ پکڑا گیا کہ عقل و خرد کی دنیا میں اس کے لیے ٹھیرنے کی کوئی جگہ باقی نہ رہی۔ اس کے ساتھ پھر ان کے غضب اور قیامت کی ہولناکیوں اور جہنم کے عذاب کا خوف دلایا گیا، ان کے برے اخلاق اور غلط طرزِ زندگی اور جاہلانہ رسوم اور حق دشمنی اور مومن آزاری پر انہیں ملامت کی گئی، اور اخلاق و تمدن کے وہ بڑے بڑے بنیادی اصول ان کے سامنے پیش کیے گئے جن پر ہمیشہ سے خدا کی پسندیدہ صالح تہذیبوں کی تعمیر ہوتی چلی آرہی ہے۔

یہ مرحلہ بجائے خود مختلف منزلوں پر مشتمل تھا جن میں سے ہر منزل میں دعوت زیادہ وسیع ہوتی گئی، جدوجہد اور مزاحمت زیادہ سخت ہوتی گئی، مختلف عقائد اور مختلف طرزِ عمل رکھنے والے گروہوں سے سابقہ پیش آتا گیا، اور اسی کے مطابق اللہ کی طرف سے آنے والے پیغامات میں مضامین کا تنوع بڑھتا گیا۔ یہ ہے قرآن مجید کی مکی سورتوں کا پس منظر۔

مکے میں اس تحریک کو اپنا کام کرتے ہوئے تیرہ سال گزر چکے تھے کہ یکایک مدینے میں اس کو ایک ایسا مرکز بہم پہنچ گیا جہاں اس کے لیے یہ ممکن ہو گیا کہ عرب کے تمام حصوں سے اپنے پیروؤں کو سمیٹ کر ایک جگہ اپنی طاقت مجتمع کر لے۔ چنانچہ نبی ﷺ اور بیشتر متبعینِ اسلام ہجرت کر کے مدینے پہنچ گئے۔ اس طرح یہ دعوت تیسرے مرحلے میں داخل ہوئی۔

اس مرحلے میں حالات کا نقشہ بالکل بدل گیا۔ امتِ مسلمہ ایک باقاعدہ ریاست کی بنا ڈالنے میں کامیاب ہو گئی۔ پرانی جاہلیت کے علم برداروں سے مسلح مقابلہ شروع ہوا۔ پچھلے انبیاء کی امتوں (یہود و نصاریٰ) سے بھی سابقہ پیش آیا۔ خود امت مسلمہ کے اندرونی نظام میں مختلف قسم کے منافق گھس آئے اور ان سے بھی نمٹنا پڑا۔ اور دس سال کی شدید کشمش سے گزر کر آخر کار یہ تحریک کامیابی کی اس منزل پر پہنچی کہ سارا عرب اس کے زیر نگیں ہو گیا اور عالمگیر دعوت و اصلاح کے دروازے اس کے سامنے کھل گئے۔ اس مرحلے کی بھی مختلف منزلیں تھیں اور ہر منزل میں اس تحریک کی مخصوص ضرورتوں کے مطابق اللہ تعالیٰ کی طرف سے ایسی تقریریں نبی ﷺ پر نازل ہوتی رہیں جن کا انداز کبھی آتشیں خطابت کا، کبھی شاہانہ فرامین و احکام کا، کبھی معلمانہ درس و تعلیم کا، اور کبھی مصلحانہ افہام و تفہیم کا ہوتا تھا۔ ان میں بتایا گیا کہ جماعت اور ریاست اور مدنیت صالحہ کی تعمیر کس طرح کی جائے، زندگی کے مختلف شعبوں کو کن اصول و ضوابط پر قائم کیا جائے، منافقین سے کیا سلوک ہو، ذمی کافروں سے کیا برتاؤ ہو، اہلِ کتاب سے تعلقات کی کیا نوعیت رہے، برسرِ جنگ دشمنوں اور معاہد قوموں کے ساتھ کیا طرزِ عمل اختیار کیا جائے، اور منظم اہلِ ایمان کا یہ گروہ دنیا میں

خداوندِ عالم کی خلافت کے فرائض انجام دینے کے لیے اپنے آپ کو کس طرح تیار کرے۔

ان تقریروں میں ایک طرف مسلمانوں کی تعلیم و تربیت کی جاتی تھی، ان کی کمزوریوں پر تنبیہ کی جاتی تھی، ان کو راہِ خدا میں جان و مال سے جہاد کرنے پر اُبھارا جاتا تھا، ان کو شکست اور فتح، مصیبت اور راحت، بدحالی اور خوش حالی، امن اور خوف، غرض ہر حال میں اس کے مناسب اخلاقیات کا درس دیا جاتا تھا، اور انہیں اس طرح تیار کیا جاتا تھا کہ وہ نبی ﷺ کے بعد آپ کے جانشین بن کر اس دعوت و اصلاح کے کام کو انجام دے سکیں، دوسری طرف ان لوگوں کو جو دائرہ ایمان سے باہر تھے، اہلِ کتاب، منافقین، کفار و مشرکین، سب کو ان کی مختلف حالتوں کے لحاظ سے سمجھانے، نرمی سے دعوت دینے، سختی سے ملامت اور نصیحت کرنے، خدا کے عذاب سے ڈرانے اور سبق آموز واقعات و احوال سے عبرت دلانے کی کوشش کی جاتی تھی تاکہ ان پر حجت تمام کر دی جائے۔

یہ ہے قرآن مجید کی مدنی سورتوں کا پس منظر۔

اس بیان سے یہ بات واضح ہو جاتی ہے کہ قرآن مجید ایک دعوت کے ساتھ اترنا شروع ہوا، اور وہ دعوت اپنے آغاز سے لے کر اپنی انتہائی تکمیل تک تیئس سال کی مدت میں جن جن مرحلوں جن جن منزلوں سے گزرتی رہی، ان کی مختلف النوع ضرورتوں کے مطابق قرآن

کے مختلف حصے نازل ہوتے رہے۔ ظاہر ہے کہ ایسی کتاب میں وہ تصنیفی ترتیب نہیں ہو سکتی جو ڈاکٹریٹ کی ڈگری لینے کے لیے کسی مقالے میں اختیار کی جاتی ہے۔ پھر اس دعوت کے ارتقاء کے ساتھ ساتھ قرآن کے جو چھوٹے اور بڑے حصے نازل ہوئے وہ بھی رسالوں کی شکل میں شائع نہیں کئے جاتے تھے، بلکہ تقریروں کی شکل میں بیان کیے جاتے اور اسی شکل میں پھیلائے جاتے تھے، اس لیے ان کا اسلوب بھی تحریری نہ تھا بلکہ خطابت کا اسلوب تھا۔ پھر یہ خطابت بھی ایک پروفیسر کے لیکچروں کی سی نہیں بلکہ ایک داعی کے خطبوں کی سی تھی جسے، دل اور دماغ، عقل اور جذبات، ہر ایک سے اپیل کرنا ہوتا ہے، جس کو ہر قسم کی ذہنیتوں سے سابقہ پیش آتا ہے، جسے اپنی دعوت و تبلیغ اور عملی تحریک کے سلسلے میں بے شمار مختلف حالتوں میں کام کرنا پڑتا ہے۔ ہر ممکن پہلو سے اپنی بات دلوں میں بٹھانا، خیالات کی دنیا بدلنا، جذبات کا سیلاب اُٹھانا، مخالفتوں کا زور توڑنا، ساتھیوں کی اصلاح و تربیت کرنا اور ان میں جوش اور عزم اُبھارنا، دشمنوں کو دوست، اور منکروں کو معترف بنانا، مخالفین کی حجت منقطع کرنا اور ان کی اخلاقی طاقت کا استیصال کر دینا، غرض اسے وہ سب کچھ کرنا ہوتا ہے جو ایک دعوت کے علم بردار اور ایک تحریک کے رہنما کے لیے ضروری ہے۔ اس لیے اللہ نے اس کام کے سلسلے میں اپنے پیغمبرؐ پر جو تقریریں نازل فرمائیں اُن کا طرزِ خطابت وہی تھا جو ایک دعوت کے مناسب حال ہوتا ہے، اُن میں کالج کے لیکچروں کا سا انداز تلاش کرنا صحیح نہیں ہے۔

یہیں سے یہ بات بھی اچھی طرح سمجھ میں آسکتی ہے کہ قرآن میں مضامین کی اس قدر تکرار کیوں ہے۔ ایک دعوت اور عملی تحریک کا فطری اقتضاء یہ ہے کہ وہ جس وقت جس مرحلے میں ہو اس میں وہی باتیں کہی جائیں جو اُس مرحلے سے مناسبت رکھتی ہوں، اور جب تک دعوت ایک مرحلے میں رہے بعد کے مراحل کی بات نہ چھیڑی جائے بلکہ اسی مرحلے کی باتوں کا اعادہ کیا جاتا رہے، خواہ اس میں چند مہینے لگیں یا کئی سال صرف ہو جائیں۔ پھر اگر ایک ہی قسم کی باتوں کا اعادہ ایک ہی عبارت اور ایک ہی ڈھنگ پر کیا جاتا رہے تو کان انہیں سنتے سنتے تھک جاتے ہیں اور طبیعتیں اکتانے لگتی ہیں۔ اس لیے یہ بھی ضروری ہے کہ ہر مرحلے میں جو باتیں بار بار کہنی ہوں انہیں ہر بار نئے الفاظ، نئے اسلوب، اور نئی آن بان سے کہا جائے تاکہ نہایت خوش گوار طریقے سے وہ دلوں میں بیٹھ جائیں اور دعوت کی ایک ایک منزل اچھی طرح مستحکم ہوتی چلی جائے۔ اس کے ساتھ یہ بھی ضروری ہے کہ دعوت کی بنیاد جن عقائد اور اصولوں پر ہو انہیں پہلے قدم سے آخری منزل تک کسی وقت اور کسی حال میں نظروں سے اوجھل نہ ہونے دیا جائے بلکہ ان کا اعادہ بہرحال دعوت کے ہر مرحلے میں ہوتا رہے۔ یہی وجہ ہے کہ دعوتِ اسلامی کے ایک مرحلے میں قرآن کی جتنی سورتیں نازل ہوئی ہیں ان سب میں بالعموم ایک ہی قسم کے مضامین الفاظ اور اندازِ بیان بدل بدل کر آئے ہیں۔ مگر توحید اور صفاتِ الٰہی، آخرت اور اس کی باز پرس اور جزا و سزا، رسالت اور ایمان بالکتاب، تقویٰ اور صبر و توکل اور اسی قسم کے دوسرے بنیادی مضامین

کی تکرار پورے قرآن میں نظر آتی ہے کیونکہ اس تحریک کے کسی مرحلے میں بھی ان سے غفلت گوارا نہیں کی جا سکتی تھی۔ یہ بنیادی تصورات اگر ذرا بھی کمزور ہو جاتے تو اسلام کی یہ تحریک اپنی صحیح روح کے ساتھ نہ چل سکتی۔

اگر غور کیا جائے تو اسی بیان سے یہ سوال بھی حل ہو جاتا ہے کہ نبی صلی اللہ علیہ وآلہ وسلم نے قرآن کو اُسی ترتیب کے ساتھ کیوں نہ مرتب کر دیا جس کے ساتھ وہ نازل ہوا تھا۔

اوپر آپ کو معلوم ہو چکا ہے کہ تیئیس سال تک قرآن کا نزول اس ترتیب سے ہوتا رہا جس ترتیب سے دعوت کا آغاز اور اس کا ارتقا ہوا۔ اب یہ ظاہر ہے کہ دعوت کی تکمیل کے بعد ان نازل شدہ اجزاء کے لیے وہ ترتیب کسی طرح درست نہ ہو سکتی تھی جو صرف ارتقاء دعوت ہی کے ساتھ مناسبت رکھتی تھی۔ اب تو اُن کے لیے ایک دوسری ہی ترتیب درکار تھی جو تکمیل دعوت کے بعد کی صورت حال کے لیے زیادہ مناسب ہو۔ کیونکہ ابتداء میں اُس کے مخاطب اول وہ لوگ تھے جو اسلام سے ناآشنائے محض تھے، اس لیے اُس وقت بالکل نقطہ آغاز سے تعلیم و تلقین شروع کی گئی۔ مگر تکمیلِ دعوت کے بعد اس کے مخاطب اول وہ لوگ ہو گئے جو اس پر ایمان لا کر ایک امت بن چکے تھے اور اس کام کو جاری رکھنے کے ذمہ دار قرار پائے تھے جسے پیغمبر نے نظریے اور عمل، دونوں حیثیتوں سے

مکمل کر کے ان کے حوالے کیا تھا۔ اب لامحالہ مقدم چیز یہ ہو گئی کہ پہلے یہ لوگ خود اپنے فرائض سے، اپنے قوانینِ حیات سے، اور اُن فتنوں سے جو پچھلے پیغمبروں کی امتوں میں رونما ہوتے رہے ہیں، اچھی طرح واقف ہو لیں، پھر اسلام سے بیگانہ دنیا کے سامنے خدا کی ہدایت پیش کرنے کے لیے آگے بڑھیں۔

علاوہ بریں قرآن مجید جس طرز کی کتاب ہے اسے اگر آدمی اچھی طرح سمجھ لے تو اس پر خود ہی یہ حقیقت منکشف ہو جائے گی کہ ایک ایک طرح کے مضامین کو ایک ایک جگہ جمع کرنا اس کتاب کے مزاج ہی سے مطابقت نہیں رکھتا۔ اس کے مزاج کا تو تقاضا یہی ہے کہ اس کے پڑھنے والے کے سامنے مدنی مرحلے کی باتیں مکی دور والی تعلیم کے درمیان، اور مکی مرحلے کی باتیں مدنی دور والی تقریروں کے درمیان، اور ابتدا کی گفتگو میں آخر کی تلقینات کے بیچ میں، اور آخری دور کی ہدایت آغازِ کار کی تعلیمات کے پہلو میں بار بار آتی چلی جائیں، تاکہ اسلام کا پورا منظر اور جامع نقشہ اس کی نگاہ میں رہے اور کسی وقت بھی وہ یک رخا نہ ہونے پائے۔

پھر اگر قرآن کو اس کی نزولی ترتیب پر مرتب کیا بھی جاتا تو وہ ترتیب بعد کے لوگوں کے لیے صرف اُسی صورت میں بامعنی ہو سکتی تھی جبکہ قرآن کے ساتھ اس کی پوری تاریخ نزول اور اس کے ایک ایک جز کی کیفیت نزول و شانِ نزول لکھ کر لگا دی جاتی اور وہ لازمی طور پر قرآن کا ایک ضمیمہ بن کر رہتی۔ یہ بات اُس مقصد کے خلاف تھی جس کے لیے اللہ تعالیٰ نے اپنے کلام کا یہ مجموعہ مرتب اور محفوظ کرایا تھا۔ وہاں تو پیشِ نظر چیز ہی یہ تھی کہ خالص کلام

الٰہی بغیر کسی دوسرے کلام کی آمیزش یا شمول کے، اپنی مختصر صورت میں مرتب ہو، جسے بچے، جوان، بوڑھے، عورت، مرد، شہری، دیہاتی، عامی، عالم، سب پڑھیں، ہر زمانے میں اور ہر جگہ ہر حالت میں پڑھیں، اور ہر مرتبہ عقل و دانش کا انسان کم از کم یہ بات ضرور جان لے کہ اس کا خدا اس سے کیا چاہتا ہے اور کیا نہیں چاہتا۔ ظاہر ہے کہ یہ مقصد فوت ہو جاتا اگر اس مجموعہ کلام الٰہیٰ کے ساتھ ایک لمبی چوڑی تاریخ بھی لگی ہوئی ہوتی اور اس کی تلاوت بھی لازم کر دی جاتی۔

حقیقت یہ ہے کہ قرآن کی موجودہ ترتیب پر جو لوگ اعتراض کرتے ہیں، وہ اس کتاب کے مقصد و مدعا سے صرف نابلد ہی نہیں ہیں، بلکہ کچھ اس غلط فہمی میں بھی بتلا معلوم ہوتے ہیں کہ یہ کتاب محض علمِ تاریخ اور فلسفہ عمران کے طلبہ ہی کے لیے نازل ہوئی ہے۔

ترتیب قرآن کے سلسلے میں یہ بات بھی ناظرین کو معلوم ہو جانی چاہیے کہ یہ ترتیب بعد کے لوگوں کی دی ہوئی نہیں ہے، بلکہ خود اللہ تعالیٰ کی ہدایت کے تحت نبی ﷺ ہی نے قرآن کو اس طرح مرتب فرمایا تھا۔ قاعدہ یہ تھا کہ جب کوئی سورۃ نازل ہوتی تو آپ اسی وقت اپنے کاتبوں میں سے کسی کو بلاتے اور اس کو ٹھیک ٹھیک قلمبند کرانے کے بعد ہدایت فرما دیتے کہ یہ سورۃ فلاں سورۃ کے بعد اور فلاں سورہ سے پہلے رکھی جائے۔ اسی طرح اگر قرآن کا کوئی

ایسا حصہ نازل ہوتا جس کو مستقل سورۃ بنانا پیشِ نظر نہ ہوتا، تو آپ ہدایت فرما دیتے تھے کہ اسے فلاں سورہ میں فلاں مقام پر درج کیا جائے۔ پھر اسی ترتیب سے آپ خود بھی نماز میں اور دوسرے مواقع پر قرآن مجید کی تلاوت فرماتے تھے اور اسی ترتیب کے مطابق صحابہ کرام بھی اس کو یاد کرتے تھے۔ لہذا یہ ایک ثابت شدہ تاریخی حقیقت ہے کہ قرآن مجید کا نزول جس روز مکمل ہوا اسی روز اس کی ترتیب بھی مکمل ہو گئی۔ جو اس کا نازل کرنے والا تھا وہی اس کا مرتب کرنے والا بھی تھا۔ جس کے قلب پر وہ نازل کیا گیا اسی کے ہاتھوں اسے مرتب بھی کرا دیا گیا۔ کسی دوسرے کی مجال نہ تھی کہ اس میں مداخلت کرتا۔

چونکہ نماز ابتدا ہی سے مسلمانوں پر فرض تھی اور تلاوتِ قرآن کو نماز کا ایک ضروری جزو قرار دیا گیا تھا، اس لیے نزولِ قرآن کے ساتھ ہی مسلمانوں میں حفظِ قرآن کا سلسلہ جاری ہو گیا اور جیسے جیسے قرآن اترتا گیا مسلمان اس کو یاد بھی کرتے چلے گئے۔ اس طرح قرآن کی حفاظت کا انحصار صرف کھجور کے ان پتوں اور ہڈی اور جھلی کے ان ٹکڑوں ہی پر نہ تھا جن پر نبی ﷺ اپنے کاتبوں سے اس کو قلم بند کرایا کرتے تھے، بلکہ وہ اترتے ہی بیسیوں، پھر سینکڑوں، پھر ہزاروں، پھر لاکھوں دلوں پر نقش ہو جاتا تھا اور کسی شیطان کے لیے اس کا امکان ہی نہ تھا کہ اس میں ایک لفظ کا بھی ردّ و بدل کر سکے۔

نبی ﷺ کی وفات کے بعد جب عرب میں ارتداد کا طوفان اُٹھا اور اس کے فرو کرنے کے لیے صحابہ کرام کو سخت خونریز لڑائیاں لڑنی پڑیں، تو ان معرکوں میں ایسے صحابہ کی ایک کثیر تعداد شہید ہو گئی جن کو پورا قرآن حفظ تھا۔ اس سے حضرت عمرؓ کو خیال پیدا ہوا کہ قرآن کی حفاظت کے معاملے میں صرف ایک ہی ذریعے پر اعتماد کر لینا مناسب نہیں ہے بلکہ الواحِ قلب کے ساتھ ساتھ صفحاتِ قرطاس پر بھی اس کو محفوظ کرنے کا انتظام کر لینا چاہیے۔ چنانچہ اس کام کی ضرورت انہوں نے حضرت ابو بکر صدیقؓ پر واضح کی اور انہوں نے کچھ تامل کے بعد اس سے اتفاق کر کے حضرت زید بن ثابت انصاریؓ کو، جو نبی ﷺ کے کاتب (سکرٹری) رہ چکے تھے اس خدمت پر مامور فرمایا۔ قاعدہ یہ مقرر کیا گیا کہ ایک طرف تو وہ تمام لکھے ہوئے اجزاء فراہم کر لیے جائیں جو نبی ﷺ نے چھوڑے ہیں، دوسری طرف صحابہ کرام میں سے بھی جس جس کے پاس قرآن یا اس کا کوئی حصہ لکھا ہوا ملے، وہ ان سے لے لیا جائے، اور پھر حفاظ قرآن سے بھی مدد لی جائے، اور ان تینوں ذرائع کی متفقہ شہادت پر، کامل صحت کا اطمینان کرنے کے بعد، قرآن کا ایک ایک لفظ مصحف میں ثبت کیا جائے۔ اس تجویز کے مطابق قرآن مجید کا ایک مستند نسخہ تیار کر کے اُم المومنین حضرت حفصہؓ کے ہاں رکھوا دیا گیا۔

اور لوگوں کو عام اجازت دے دی گئی کہ جو چاہے اس کی نقل کرے اور جو چاہے اس سے مقابلہ کر کے اپنے نسخے کی تصحیح کرے۔

عرب میں مختلف علاقوں اور قبیلوں کی بولیوں میں ویسے ہی فرق پائے جاتے تھے جیسے ہمارے ملک میں شہر شہر کی بولی اور ضلع ضلع کی بولی میں فرق ہے، حالانکہ زبان سب کی وہی ایک اُردو یا پنجابی یا بنگالی وغیرہ ہے۔ قرآن مجید اگرچہ نازل اُس زبان میں ہوا تھا جو مکہ میں قریش کے لوگ بولتے تھے، لیکن ابتداءً اس امر کی اجازت دے دی گئی تھی کہ دوسرے علاقوں اور قبیلوں کے لوگ اپنے اپنے لہجے اور محاورے کے مطابق اسے پڑھ لیا کریں، کیونکہ اس طرح معنی میں کوئی فرق نہیں پڑتا تھا، صرف عبارت ان کے لیے ملائم ہو جاتی تھی۔ لیکن رفتہ رفتہ جب اسلام پھیلا اور عرب کے لوگوں نے اپنے ریگستان سے نکل کر دنیا کے ایک بڑے حصے کو فتح کر لیا، اور دوسری قوموں کے لوگ بھی دائرہ اسلام میں آنے لگے، اور بڑے پیمانے پر عرب و عجم کے اختلاط سے عربی زبان متاثر ہونے لگی، تو یہ اندیشہ پیدا ہوا کہ اگر اب بھی دوسرے لہجوں اور محاوروں کے مطابق قرآن پڑھنے کی اجازت باقی رہی تو اس سے طرح طرح کے فتنے کھڑے ہو جائیں گے۔ مثلاً یہ کہ ایک شخص کسی دوسرے شخص کو غیر مانوس طریقے پر کلام اللہ کی تلاوت کرتے ہوئے سنے گا اور یہ سمجھ کر اس سے لڑ پڑے گا کہ وہ دانستہ کلامِ الٰہیٰ میں تحریف کر رہا ہے۔ یا یہ کہ یہ لفظی اختلافات رفتہ رفتہ واقعی تحریفات کا دروازہ کھول دیں گے۔ یا یہ کہ عرب و عجم کے اختلاط سے جن لوگوں کی زبان بگڑے گی وہ اپنی بگڑی ہوئی زبان کے مطابق قرآن میں تصرف کر کے اس کے

حسن کلام کو بگاڑ دیں گے۔ ان وجوہ سے حضرت عثمانؓ نے صحابہ کرام کے مشورے سے یہ طے کیا کہ تمام ممالکِ اسلامیہ میں صرف اُس معیاری نسخہ قرآن کی نقلیں شائع کی جائیں جو حضرت ابو بکر صدیقؓ کے حکم سے ضبطِ تحریر میں لایا گیا تھا، اور باقی تمام دوسرے لہجوں اور محاوروں پر لکھے ہوئے مصاحف کی اشاعت ممنوع قرار دے دی جائے۔

آج جو قرآن ہمارے ہاتھوں میں ہے، یہ ٹھیک ٹھیک اُسی مصحفِ صدیقی کے مطابق ہے جس کی نقلیں حضرت عثمانؓ نے سرکاری اہتمام سے تمام دیار و امصار میں بھجوائی تھیں۔ اس وقت بھی دنیا میں متعدد مقامات پر قرآن کے وہ مستند نسخے موجود ہیں۔ کسی کو اگر قرآن کی محفوظیت میں ذرا برابر بھی شک ہو تو اپنا اطمینان اس طرح کر سکتا ہے کہ مغربی افریقہ میں کسی کتاب فروش سے قرآن کا ایک نسخہ خریدے، اور جاوا میں کسی حافظ سے زبانی قرآن سن کر اس کا مقابلہ کرے، اور پھر دنیا کی بڑی بڑی لائبریریوں میں حضرت عثمانؓ کے وقت سے لے کر آج تک مختلف صدیوں کے لکھے ہوئے جو مصاحف رکھے ہیں ان سے اس کا تقابل کرے۔ اگر کسی حرف یا شوشے کا فرق وہ پائے تو اس کا فرض ہے کہ دنیا کو اس سب سے بڑے تاریخی انکشاف سے ضرور مطلع کرے۔ کوئی شک نواز قرآن کے منزل من اللہ ہونے میں شک کرنا چاہے تو کر سکتا ہے، لیکن یہ بات کہ جو قرآن ہمارے ہاتھ میں ہے یہ بلا کسی کمی بیشی کے ٹھیک وہی قرآن ہے جو محمد رسول اللہ ﷺ نے دنیا کے سامنے پیش کیا تھا، یہ تو ایک ایسی تاریخی حقیقت ہے جس میں کسی شک کی گنجائش ہی نہیں ہے۔ انسانی تاریخ میں کوئی دوسری چیز ایسی نہیں پائی جاتی جو اس قدر قطعی الثبوت ہو۔ اگر کوئی شخص اس

کی صحت میں شک کرتا ہے تو وہ پھر اس میں بھی شک کر سکتا ہے کہ رومن امپائر نامی کوئی سلطنت دنیا میں رہ چکی ہے، اور کبھی مغل ہندوستان پر حکومت کر چکے ہیں، اور 'نپولین' نام کا کوئی شخص بھی دنیا میں پایا گیا ہے۔ ایسے ایسے تاریخی حقائق پر شکوک کا اظہار کرنا علم کا نہیں، جہالت کا ثبوت ہے۔

قرآن ایک ایسی کتاب ہے جس کی طرف دنیا میں بے شمار انسان بے شمار مقاصد لے کر رجوع کرتے ہیں۔ ان سب کی ضروریات اور اغراض کو پیشِ نظر رکھ کر کوئی مشورہ دینا آدمی کے لیے ممکن نہیں ہے۔ طالبوں کے اس ہجوم میں مجھ کو صرف ان لوگوں سے دلچسپی ہے جو اس کو سمجھنا چاہتے ہیں اور یہ معلوم کرنے کے خواہشمند ہیں کہ یہ کتاب انسان کے مسائلِ زندگی میں اس کی کیا رہنمائی کرتی ہے۔ ایسے لوگوں کو میں یہاں طریق مطالعہ قرآن کے بارے میں کچھ مشورے دوں گا اور کچھ ان مشکلات کو حل کرنے کی کوشش کروں گا جو بالعموم انسان کو اس معاملہ میں پیش آتی ہیں۔

کوئی شخص چاہے قرآن پر ایمان رکھتا ہو یا نہ رکھتا ہو، بہر حال اگر وہ اس کتاب کو فی الواقع سمجھنا چاہتا ہے تو اولین کام اسے یہ کرنا چاہیے کہ اپنے ذہن کو پہلے سے قائم کیے ہوئے تصورات اور نظریات سے، اور موافقانہ یا مخالفانہ اغراض سے، جس حد تک ممکن ہو خالی کر لے اور سمجھنے کا خالص مقصد لے کر کھلے دل سے اس کو پڑھنا شروع کرے۔ جو لوگ چند مخصوص قسم کے خیالات ذہن میں لے کر اس کتاب کو پڑھتے ہیں وہ اس کی سطروں کے

درمیان اپنے ہی خیالات پڑھتے چلے جاتے ہیں، قرآن کی اُن کو ہوا بھی نہیں لگنے پاتی۔ یہ طریقِ مطالعہ کسی کتاب کو پڑھنے کے لیے بھی صحیح نہیں ہے، مگر خصوصیت کے ساتھ قرآن تو اس طرز کے پڑھنے والوں کے لیے اپنے معانی کے دروازے کھولتا ہی نہیں۔

پھر جو شخص محض سرسری واقفیت بہم پہچانا چاہتا ہو، اُس کے لیے تو شاید ایک دفعہ پڑھ لینا کافی ہو جائے لیکن جو اس کی گہرائیوں میں اُترنا چاہے اس کے لیے دو چار دفعہ کا پڑھنا بھی کافی نہیں ہو سکتا۔ اس کو بار بار پڑھنا چاہیے، ہر مرتبہ ایک خاص ڈھنگ سے پڑھنا چاہیے، اور ایک طالب علم کی طرح پنسل اور کاپی ساتھ لے کر بیٹھنا چاہیے تاکہ ضروری نکات نوٹ کرتا جائے۔ اس طرح جو لوگ پڑھنے پر آمادہ ہوں ان کو کم از کم دو مرتبہ پورے قرآن کو صرف اس غرض کے لیے پڑھنا چاہیے کہ ان کے سامنے بحیثیت مجموعی وہ پورا نظام فکر و عمل آ جائے جسے یہ کتاب پیش کرنا چاہتی ہے۔ اس ابتدائی مطالعہ کے دوران میں وہ قرآن کے پورے منظر پر ایک جامع نظر حاصل کرنے کی کوشش کریں اور یہ دیکھتے جائیں کہ یہ کتاب کیا بنیادی تصورات پیش کرتی ہے اور پھر ان تصورات پر کس قسم کا نظامِ زندگی تعمیر کرتی ہے۔ اس اثنا میں اگر کسی مقام پر کوئی سوال ذہن میں کھٹکے تو اس پر وہیں اُسی وقت کوئی فیصلہ نہ کر بیٹھیں بلکہ اسے نوٹ کر لیں اور صبر کے ساتھ آگے مطالعہ جاری رکھیں۔ اغلب یہ ہے کہ آگے کہیں نہ کہیں انہیں اس کا جواب مل جائے گا۔ اگر جواب مل جائے تو اپنے سوال کے ساتھ اسے نوٹ کر لیں۔ لیکن اگر پہلے مطالعہ کے دوران میں انہیں اپنے کسی سوال کا جواب

نہ ملے تو صبر کے ساتھ دوسری بار پڑھیں۔ میں اپنے تجربے کی بنا پر یہ کہتا ہوں کہ دوسری بار کے غائر مطالعہ میں شاذ و نادر ہی کوئی سوال جواب طلب باقی رہ جاتا ہے۔

اس طرح قرآن پر ایک جامع نظر حاصل کر لینے کے بعد تفصیلی مطالعہ کی ابتدا کرنی چاہیے۔ اس سلسلے میں ناظر کو تعلیماتِ قرآن کا ایک ایک پہلو ذہن نشین کر کے نوٹ کرتے جانا چاہیے۔ مثلاً وہ اس بات کو سمجھنے کی کوشش کرے کہ انسانیت کا کونسا نمونہ ہے جسے قرآن پسندیدہ قرار دیتا ہے اور کس نمونے کے انسان اس کے نزدیک مبغوض و مردود ہیں۔ اس مضمون کو اچھی طرح اپنی گرفت میں لانے کے لیے اس کو چاہیے کہ اپنی کاپی پر ایک طرف 'پسندیدہ انسان' اور دوسری طرف 'ناپسندیدہ انسان' کی خصوصیات آمنے سامنے نوٹ کرتا چلا جائے۔ یا مثلاً وہ یہ معلوم کرنے کی کوشش کرے کہ قرآن کے نزدیک انسان کی فلاح و نجات کا مدار کن اُمور پر ہے، اور کیا چیزیں ہیں جن کو وہ انسان کے لیے نقصان اور ہلاکت اور بربادی کا موجب قرار دیتا ہے۔ اس مضمون کو بھی وضاحت اور تفصیل کے ساتھ جاننے کا صحیح طریقہ یہ ہے کہ آدمی اپنی کاپی پر 'موجباتِ فلاح' اور 'موجباتِ خسران' کے دو عنوانات ایک دوسرے کے مقابل قائم کرے اور مطالعہ قرآن کے دوران میں روزانہ دونوں قسم کی چیزوں کو نوٹ کرتا جائے۔ علی ہذا القیاس عقائد، اخلاق، حقوق، فرائض، معاشرت، تمدن، معیشت، سیاست، قانون، نظم جماعت، صلح، جنگ، اور دوسرے مسائلِ زندگی میں سے ایک ایک کے متعلق قرآن کی ہدایت کو آدمی نوٹ کرتا چلا

جائے، اور یہ سمجھنے کی کوشش کرے کہ ان میں سے ہر ہر شعبے کی مجموعی شکل کیا بنتی ہے اور پھر ان سب کو ملا کر جوڑ دینے سے پورا نقشہ زندگی کس قسم کا بنتا ہے۔

پھر جب آدمی کسی خاص مسئلہ زندگی کے بارے میں تحقیق کرنا چاہے کہ قرآن کا نقطہ نظر اس کے متعلق کیا ہے، تو اس کے لیے عمدہ طریقہ یہ ہے کہ پہلے وہ اس مسئلے کے متعلق قدیم و جدید لٹریچر کا گہرا مطالعہ کر کے واضح طور پر یہ معلوم کر لے کہ اس مسئلے کے بنیادی نکات کیا ہیں۔ انسان نے اب تک اس پر کیا سوچا اور سمجھا ہے، کیا اُمور اس میں تصفیہ طلب ہیں، اور کہاں جا کر انسانی فکر کی گاڑی اٹک جاتی ہے۔ اس کے بعد انہی تصفیہ طلب مسائل کو نگاہ میں رکھ کے آدمی کو قرآن کا مطالعہ کرنا چاہیے۔ میرا تجربہ ہے کہ اس طرح جب آدمی کسی مسئلے کی تحقیق کے لیے قرآن پڑھنے بیٹھتا ہے تو اسے ایسی ایسی آیتوں میں اپنے سوالات کا جواب ملتا ہے جنہیں وہ اس سے پہلے بیسیوں مرتبہ پڑھ چکا ہوتا ہے اور کبھی اس کے حاشیہ خیال میں بھی یہ بات نہیں آتی کہ یہاں یہ مضمون بھی چھپا ہوا ہے۔

لیکن فہم قرآن کی ان ساری تدبیروں کے باوجود آدمی قرآن کی روح سے پوری طرح آشنا نہیں ہونے پاتا جب تک کہ عملاً وہ کام نہ کرے جس کے لیے قرآن آیا ہے۔ یہ محض نظریات اور خیالات کی کتاب نہیں ہے کہ آپ آرام کرسی پر بیٹھ کر اسے پڑھیں اور اس کی

ساری باتیں سمجھ جائیں۔ یہ دنیا کے عام تصورِ مذہب کے مطابق ایک نری مذہبی کتاب بھی نہیں ہے کہ مدرسے اور خانقاہ میں اس کے سارے رموز حل کر لیے جائیں۔ جیسا کہ اس مقدمے کے آغاز میں بتایا جا چکا ہے، یہ ایک دعوت اور تحریک کی کتاب ہے۔ اس نے آتے ہی ایک خاموش طبع اور نیک نہاد انسان کو گوشۂ عزلت سے نکال کر خدا سے پھری ہوئی دنیا کے مقابلے میں لا کھڑا کیا۔ باطل کے خلاف اس سے آواز اُٹھوائی اور وقت کے علمبرداران کفر و فسق و ضلالت سے اس کو لڑا دیا۔ گھر گھر سے ایک ایک سعید روح اور پاکیزہ نفس کو کھینچ کھینچ کر لائی اور داعی حق کے جھنڈے تلے ان سب کو اکٹھا کیا۔ گوشے گوشے سے ایک ایک فتنہ جو اور فساد پرور کو بھڑکا کر اُٹھایا اور حامیانِ حق سے ان کی جنگ کرائی۔ ایک فردِ واحد کی پکار سے اپنا کام شروع کر کے خلافتِ الٰہیہ کے قیام تک پورے تیئیس سال یہی کتاب اس عظیم الشان تحریک کی رہنمائی کرتی رہی، اور حق و باطل کی اس طویل و جاں گسل کشمکش کے دوران میں ایک ایک منزل اور ایک ایک مرحلے پر اسی نے تخریب کے ڈھنگ اور تعمیر کے نقشے بتائے۔ اب بھلا یہ کیسے ممکن ہے کہ آپ سرے سے نزاعِ کفر دین اور معرکہ اسلام و جاہلیت کے میدان میں قدم ہی نہ رکھیں اور اس کشمکش کی کسی منزل سے گزرنے کا آپ کو اتفاق ہی نہ ہوا ہو اور پھر محض قرآن کے الفاظ پڑھ پڑھ کر اس کی ساری حقیقتیں آپ کے سامنے بے نقاب ہو جائیں۔ اسے تو پوری طرح آپ اُسی وقت سمجھ سکتے ہیں جب اسے لے کر اٹھیں اور دعوت اِلی اللہ کا کام شروع کریں اور جس جس طرح یہ کتاب ہدایت دیتی جائے اس طرح قدم اُٹھاتے چلے جائیں۔ تب وہ سارے

تجربات آپ کو پیش آئیں گے جو نزولِ قرآن کے وقت پیش آئے تھے۔ مکے اور حبش اور طائف کی منزلیں بھی آپ دیکھیں گے اور بدرواُحد سے لے کر حنین اور تبوک تک کے مراحل بھی آپ کے سامنے آئیں گے۔ ابوجہل اور ابولہب سے بھی آپ کو واسطہ پڑے گا، منافقین اور یہود بھی آپ کو ملیں گے، اور سابقینِ اولین سے لے کر مؤلَّفۃ القلوب تک سبھی طرح کے انسانی نمونے آپ دیکھ بھی لیں گے اور برت بھی لیں گے۔ یہ ایک اور ہی قسم کا 'سلوک' ہے جس کو میں 'سلوکِ قرآنی' کہتا ہوں۔ اس سلوک کی شان یہ ہے کہ اس کی جس جس منزل سے آپ گزرتے جائیں گے، قرآن کی کچھ آیتیں اور سورتیں خود سامنے آکر آپ کو بتاتی چلی جائیں گی کہ وہ اسی منزل میں اُتری تھیں اور یہ ہدایت لے کر آئی تھیں۔ اس وقت یہ تو ممکن ہے کہ لغت اور نحو اور معافی اور بیان کے کچھ نکات سالک کی نگاہ سے چھپے رہ جائیں، لیکن یہ ممکن نہیں ہے کہ قرآن اپنی روح کو اس کے سامنے بے نقاب کرنے سے بخل برت جائے۔

پھر اسی کلیہ کے مطابق قرآن کے احکام، اس کی اخلاقی تعلیمات، اس کی معاشی اور تمدنی ہدایات، اور زندگی کے مختلف پہلوؤں کے بارے میں اس کے بتائے ہوئے اصول و قوانین آدمی کی سمجھ میں اُس وقت تک آ ہی نہیں سکتے جب تک کہ وہ عملاً ان کو برت کر نہ دیکھے۔ نہ وہ فرد اس کتاب کو سمجھ سکتا ہے جس نے اپنی انفرادی زندگی کو اس کی پیروی سے آزاد کر رکھا ہوا ور نہ وہ قوم اس سے آشنا ہو سکتی ہے جس کے سارے ہی اجتماعی ادارے اس کی بنائی ہوئی روش کے خلاف چل رہے ہوں۔

قرآن کے اس دعوے سے ہر کہ و مہ واقف ہے کہ وہ تمام نوعِ انسانی کی ہدایت کے لیے آیا ہے۔ لیکن جب کوئی شخص اس کو پڑھنے بیٹھتا ہے تو دیکھتا ہے کہ اس کا روئے سخن زیادہ تر اپنے زمانہ نزول کے اہلِ عرب کی طرف ہے۔ اگرچہ کبھی کبھی وہ بنی آدم اور عامۃ الناس کو بھی پکارتا ہے، لیکن اکثر باتیں وہ ایسی کہتا ہے جو عرب کے مذاق، عرب ہی کے ماحول، عرب ہی کی تاریخ، اور عرب ہی کے رسم و رواج سے ربط و تعلق رکھتی ہیں۔ ان چیزوں کو دیکھ کر آدمی سوچنے لگتا ہے کہ جو چیز عام انسانوں کی ہدایت کے لیے اتاری گئی تھی اس میں وقتی اور مقامی اور قومی عنصر اتنا زیادہ کیوں ہے؟ اس معاملے کی حقیقت کو نہ سمجھنے کی وجہ سے بعض لوگ اس شک میں پڑ جاتے ہیں کہ شاید یہ چیز اصل میں تو اپنے ہم عصر اہلِ عرب ہی کی اصلاح کے لیے تھی، لیکن بعد میں زبردستی کھینچ تان کر اسے تمام انسانوں کے لیے اور ہمیشہ ہمیشہ کے لیے کتاب ہدایت قرار دے دیا گیا۔

جو شخص یہ اعتراض محض اعتراض کی خاطر نہیں اٹھاتا بلکہ فی الواقع اسے سمجھنا چاہتا ہے اسے میں مشورہ دوں گا کہ وہ پہلے خود قرآن کو پڑھ کر ذرا ان مقامات پر نشان لگائے جہاں اس نے کوئی ایسا عقیدہ، یا خیال، یا تصور پیش کیا ہو، یا کوئی ایسا اخلاقی اصول، یا عملی قاعدہ و ضابطہ بیان کیا ہو جو صرف عرب ہی کے لئے مخصوص ہو اور جس کو وقت اور زمانے اور مقام نے فی الواقع محدود کر رکھا ہو۔ محض یہ بات کہ وہ ایک خاص مقام اور زمانے کے لوگوں کو خطاب کر

کے ان کے مشرکانہ عقائد اور سوم کی تردید کرتا ہے اور انہی کے گرد و پیش کی چیزوں کو مواد استدلال کے طور پر لے کر توحید کے دلائل قائم کرتا ہے، یہ فیصلہ کر دینے کے لئے کافی نہیں ہے کہ اس کی دعوت اور اس کا اپیل بھی وقتی اور مقامی ہے۔ دیکھنا یہ چاہیے کہ شرک کی تردید میں جو کچھ وہ کہتا ہے وہ دنیا کے شرک پر اسی طرح چسپاں نہیں ہوتا جس طرح مشرکین عرب پر چسپاں ہوتا تھا؟ کیا انہی دلائل کو ہم ہر زمانے اور ہر ملک کے مشرکین کی اصلاح خیال کے لئے استعمال نہیں کر سکتے؟ اور کیا اثبات توحید کے لئے قرآن کے طرز استدلال کو تھوڑے سے رد و بدل کے ساتھ ہر وقت ہر جگہ کام میں نہیں لایا جا سکتا؟ اگر جواب اثبات میں ہے تو پھر کوئی وجہ نہیں کہ ایک عالمگیر تعلیم کو صرف اس بنا پر وقتی قرار دیا جائے کہ ایک خاص وقت میں ایک خاص قوم کو خطاب کر کے وہ پیش کی گئی تھی۔ دنیا کا کوئی فلسفہ اور کوئی نظام زندگی اور کوئی مذہب فکر ایسا نہیں ہے جس کی ساری باتیں از اول تا آخر تجریدی (Abstract) طرز بیان میں پیش کی گئی ہوں اور کسی متعین حالت یا صورت پر اس کو چسپاں کر کے ان کی توضیح نہ کی گئی ہو۔ ایسی مکمل تجرید اول تو ممکن نہیں ہے، اور ممکن ہو بھی تو جو چیز اس طریقے پر پیش کی جائے گی وہ صرف صفحۂ کاغذ ہی پر رہ جائے گی، انسانوں کی زندگی میں اس کا جذب ہو کر ایک عملی نظام میں تبدیل ہونا محال ہے۔

پھر کسی فکری و اخلاقی اور تمدنی تحریک کو اگر بین الاقوامی پیمانے پر پھیلانا مقصود ہو، تو اس کے لئے بھی یہ قطعاً ضروری نہیں ہے، بلکہ سچ یہ ہے کہ مفید بھی نہیں ہے، کہ شروع سے اس کو بالکل ہی بین الاقوامی بنانے کی کوشش کی جائے۔ درحقیقت اس کا صحیح طریقہ

صرف ایک ہی ہے، اور وہ یہ ہے کہ جن افکار اور نظریات اور اصولوں پر وہ تحریک انسانی زندگی کے نظام کو قائم کرنا چاہتی ہے، انہیں پوری قوت کے ساتھ خود اس ملک میں پیش کیا جائے جہاں سے اس کی دعوت اٹھی ہو ان لوگوں کے ذہن نشین کیا جائے جن کی زبان اور مزاج اور عادات و خصائل سے اس تحریک کے داعی بخوبی واقف ہوں، اور پھر اپنے ہی ملک میں ان اصولوں کو عملاً برت کر اور ان پر ایک کامیاب نظام زندگی چلا کر دنیا کے سامنے نمونہ پیش کیا جائے تبھی دوسری قومیں اس کی طرف توجہ کریں گی اور ان کے ذہن آدمی خود آگے بڑھ کر اسے سمجھنے اور اپنے ملک میں رواج دینے کی کوشش کریں گے۔ لہذا محض یہ بات کہ کسی نظام فکر و عمل کو ابتداً ایک ہی قوم کے سامنے پیش کیا گیا تھا، اور استدلال کا سارا زور اسی کو سمجھانے اور مطمئن کرنے پر صرف کر دیا گیا تھا، اس امر کی دلیل نہیں ہے کہ وہ نظام فکر و عمل محض قومی ہے۔ فی الواقع جو خصوصیات ایک قومی نظام کو ایک بین الاقوامی نظام سے اور ایک ابدی نظام سے ممیز کرتی ہیں وہ یہ ہیں کہ قومی نظام یا تو قوم کی برتری اور اس کے مخصوص حقوق کا مدعی ہوتا ہے، یا اپنے اندر کچھ ایسے اصول اور نظریات رکھتا ہے جو دوسری اقوام میں نہیں چل سکتے۔ اس کے برعکس جو نظام بین الاقوامی ہوتا ہے وہ تمام انسانوں کو برابر کا درجہ اور برابر کے حقوق دینے کے لئے تیار ہوتا ہے اور اس کے اصولوں میں بھی عالمگیریت پائی جاتی ہے۔ اسی طرح ایک وقتی نظام لازمی طور پر اپنی بنیاد کچھ ایسے اصولوں پر رکھتا ہے جو زمانے کی چند پلٹیوں کے بعد صریحاً ناقابل عمل ہو جاتے ہیں، اور اس کے برعکس ایک ابدی نظام کے اصول تمام بدلتے ہوئے حالات پر منطبق ہوتے چلے

جاتے ہیں۔ ان خصوصیات کو نگاہ میں رکھ کر کوئی شخص خود قرآن کو پڑھے اور ان چیزوں کو ذرا متعین کرنے کی کوشش کرے جن کی بنا پر واقعی یہ گمان کیا جا سکتا ہو کہ قرآن کا پیش کردہ نظام وقتی اور قومی ہے۔

قرآن کے متعلق یہ بات بھی ایک عام ناظر کے کان میں پڑی ہوئی ہوتی ہے کہ یہ ایک مفصل ہدایت نامہ اور ایک کتاب آئین ہے۔ مگر جب وہ اسے پڑھتا ہے تو اس میں معاشرت اور تمدن اور سیاست اور معیشت وغیرہ کے تفصیلی احکام و ضوابط اس کو نہیں ملتے۔ بلکہ وہ دیکھتا ہے کہ نماز اور زکوٰۃ جیسے فرائض کے متعلق بھی، جن پر قرآن بار بار اس قدر زور دیتا ہے، اس نے کوئی ایسا ضابطہ تجویز نہیں کیا ہے جس میں تمام ضروری احکام کی تفصیل درج ہو۔ یہ چیز بھی آدمی کے ذہن میں خلجان پیدا کرتی ہے کہ آخر یہ کس معنی میں ہدایت نامہ ہے۔

اس معاملے میں ساری اُلجھن صرف اس لیے پیدا ہوتی ہے کہ آدمی کی نگاہ سے حقیقت کا ایک پہلو بالکل اوجھل رہ جاتا ہے، یعنی یہ کہ خدا نے صرف کتاب ہی نازل نہیں کی تھی بلکہ ایک پیغمبر بھی مبعوث فرمایا تھا۔ اگر اصلاً سکیم یہ ہو کہ بس ایک نقشہ تعمیر لوگوں کو دے دیا جائے اور لوگ اس کے مطابق خود عمارت بنا لیں، تو اس صورت میں بلاشبہ تعمیر کے ایک ایک جز کی تفصیل ہم کو ملنی چاہیے۔ لیکن جب تعمیری ہدایت کے ساتھ ایک انجینیر بھی

سرکاری طور پر مقرر کر دیا جائے اور وہ ان ہدایت کے مطابق ایک عمارت بنا کر کھڑی کر دے، تو پھر انجینیر اور اس کی بنائی ہوئی عمارت کو نظر انداز کر کے صرف نقشے ہی میں تمام جزئیات کی تفصیل تلاش کرنا، اور پھر اسے نہ پا کر نقشے کی نا تمامی کا شکوہ کرنا غلط ہے۔ قرآن جزئیات کی کتاب نہیں ہے بلکہ اصول اور کلیات کی کتاب ہے۔ اس کا اصل کام یہ ہے کہ نظام اسلامی کی فکری اور اخلاقی بنیادوں کو پوری وضاحت کے ساتھ نہ صرف پیش کرے بلکہ عقلی استدلال اور جذباتی اپیل، دونوں کے ذریعے سے خوب مستحکم بھی کر دے۔ اب رہی اسلامی زندگی کی عملی صورت، تو اس معاملے میں وہ انسان کی رہنمائی اس طریقے سے نہیں کرتا کہ زندگی کے ایک ایک پہلو کے متعلق تفصیلی ضابطے اور قوانین بتائے، بلکہ وہ ہر شعبہ زندگی کے حدود اربعہ بتا دیتا ہے اور نمایاں طور پر چند گوشوں میں سنگِ نشان کھڑے کر دیتا ہے جو اس بات کا تعین کر دیتے ہیں کہ اللہ تعالیٰ کی مرضی کے مطابق ان شعبوں کی تشکیل و تعمیر کن خطوط پر ہونی چاہیے۔ ان ہدایت کے مطابق عملاً اسلامی زندگی کی صورت گری کرنا نبی ﷺ کا کام تھا۔ انہیں مامور ہی اس لیے کیا گیا تھا کہ دنیا کو اس انفرادی سیرت و کردار اور اس معاشرے اور ریاست کا نمونہ دکھا دیں جو قرآن کے دیے ہوئے اصولوں کی عملی تعبیر و تفسیر ہو۔

ایک اور سوال جو بالعموم لوگوں کے ذہن میں کھٹکتا ہے وہ یہ ہے کہ ایک طرف تو قرآن ان لوگوں کی انتہائی مذمت کرتا ہے جو کتاب اللہ کے آ جانے کے بعد تفرقے اور اختلاف میں پڑ جاتے ہیں اور اپنے دین کے ٹکڑے کر ڈالتے ہیں، اور دوسری طرف قرآن کے احکام کی

تعبیر و تفسیر میں صرف متاخرین ہی نہیں، ائمہ اور تابعین اور خود صحابہ تک کے درمیان اتنے اختلافات پائے جاتے ہیں کہ شاید کوئی ایک بھی احکامی آیت ایسی نہ ملے گی جس کی ایک تفسیر بالکل متفق علیہ ہو۔ کیا یہ سب لوگ اس مذمت کے مصداق ہیں جو قرآن میں وارد ہوئی ہیں؟ اگر نہیں تو پھر وہ کونسا تفرقہ اختلاف ہے جس سے قرآن منع کرتا ہے؟

یہ ایک نہایت وسیع الاطراف مسئلہ ہے جس پر مفصل بحث کرنے کا یہ موقع نہیں ہے۔ یہاں قرآن کے ایک عامی طالب علم کی الجھن دور کرنے کے لیے صرف اتنا اشارہ کافی ہے کہ قرآن اس صحت بخش اختلاف رائے کا مخالف نہیں ہے جو دین میں متفق اور اسلامی نظامِ جماعت میں متحد رہتے ہوئے محض احکام و قوانین کی تعبیر میں مخلصانہ تحقیق کی بنا پر کیا جائے، بلکہ وہ مذمت اس اختلاف کی کرتا ہے جو نفسانیت اور کج نگاہی سے شروع ہو اور فرقہ بندی و نزاعِ باہمی تک نوبت پہنچا دے۔ یہ دونوں قسم کے اختلاف نہ اپنی حقیقت میں یکساں ہیں اور نہ اپنے نتائج میں ایک دوسرے سے کوئی مشابہت رکھتے ہیں کہ دونوں کو ایک ہی لکڑی سے ہانک دیا جائے۔ پہلی قسم کا اختلاف تو ترقی کی جان اور زندگی کی روح ہے۔ وہ ہر اس سوسائٹی میں پایا جائے گا جو عقل و فکر رکھنے والے لوگوں پر مشتمل ہو۔ اس کا پایا جانا زندگی کی علامت ہے اور اس سے خالی صرف وہی سوسائٹی ہو سکتی ہے جو ذہین انسانوں سے نہیں بلکہ لکڑی کے کندوں سے مرکب ہو۔ رہا دوسری قسم کا اختلاف، تو ایک دنیا جانتی ہے کہ اس نے جس گروہ میں بھی سر اٹھایا اس کو پراگندہ کر کے چھوڑا۔ اس کا رونما

ہونا صحت کی نہیں بلکہ مرض کی علامت ہے، اور اس کے نتائج کبھی کسی امت کے حق میں مفید نہیں ہوسکتے۔ ان دونوں قسم کے اختلافات کا فرق واضح طور پر یوں سمجھیے کہ :

ایک صورت تو وہ ہے جس میں خدا اور رسولؐ کی اطاعت پر جماعت کے سب لوگ متفق ہوں، احکام کا ماخذ بھی بالاتفاق قرآن اور سنت کو مانا جائے، اور پھر دو عالم کسی جزوی مسئلے کی تحقیق میں، یا دو قاضی کسی مقدمے کے فیصلے میں ایک دوسرے سے اختلاف کریں، مگر ان میں سے کوئی بھی نہ تو اس مسئلے کو، اور اس میں اپنی رائے کو مدارِ دین بنائے اور نہ اس سے اختلاف کرنے والے کو دین سے خارج قرار دے، بلکہ دونوں اپنے اپنے دلائل دے کر اپنی حد تک تحقیق کا حق ادا کر دیں، اور یہ بات رائے عام پر، یا اگر عدالتی مسئلہ ہو تو ملک کی آخری عدالت پر، یا اگر اجتماعی معاملہ ہو تو نظام جماعت پر چھوڑ دیں کہ وہ دونوں رایوں میں سے جس کو چاہیں قبول کریں، یا دونوں کو جائز رکھیں۔

دوسری صورت یہ ہے کہ اختلاف سرے سے دین کی بنیادوں ہی میں کر ڈالا جائے، یا یہ کہ کوئی عالم یا صوفی یا مفتی یا متکلم یا لیڈر کسی ایسے مسئلے میں جس کو خدا اور رسولؐ نے دین کا بنیادی مسئلہ قرار نہیں دیا تھا، ایک رائے اختیار کرے اور خواہ مخواہ کھینچ تان کر اس کو دین کا بنیادی مسئلہ بنا ڈالے، اور پھر جو اس سے اختلاف کرے اس کو خارج از دین و ملت قرار دے، اور اپنے حامیوں کا ایک جتھا بنا کر کہے کہ اصل امت مسلمہ بس یہ ہے اور باقی سب جہنمی ہیں، اور ہانک پکار کر کہے کہ مسلم ہے تو بس اس جتھے میں آجا ورنہ تو مسلم ہی نہیں ہے۔

41

قرآن نے جہاں کہیں بھی اختلاف اور فرقہ بندی کی مخالفت کی ہے اس سے اس کی مراد یہ دوسری قسم کا اختلاف ہی ہے۔ رہا پہلی قسم کا اختلاف، تو اس کی متعدد مثالیں خود نبی ﷺ کے سامنے پیش آ چکی تھیں، اور آپ نے صرف یہی نہیں کہ اس کو جائز رکھا، بلکہ اس کی تحسین بھی فرمائی۔ اس لیے کہ وہ اختلاف تو اس بات کا پتہ دیتا ہے کہ جماعت میں غور و فکر اور تحقیق و تجسس اور فہم و تفقہ کی صلاحیتیں موجود ہیں اور جماعت کے ذہین لوگوں کو اپنے دین سے اور اس کے احکام سے دلچسپی ہے، اور ان کی ذہانتیں اپنے مسائلِ زندگی کا حل دین کے باہر نہیں بلکہ اس کے اندر ہی تلاش کرتی ہیں، اور جماعت بحیثیت مجموعی اس زرین قاعدے پر عامل ہے کہ اصول میں متفق رہ کر اپنی وحدت برقرار رکھے اور پھر اپنے اہلِ علم و فکر کو صحیح حدود کے اندر تحقیق و اجتہاد کی آزادی دے کر ترقی کے مواقع بھی باقی رکھے۔

اس مقدمے میں تمام ان مسائل کا استقصاء کرنا میرے پیش نظر نہیں ہے جو مطالعہ قرآن کے دوران میں ایک ناظر کے ذہن میں پیدا ہوتے ہیں۔ اس لئے کہ ان سوالات کا بیشتر حصہ ایسا ہے جو کسی نہ کسی آیت یا سورہ کے سامنے آنے پر ذہن کو کھٹکتا ہے، اور اس کا جواب تفہیم القرآن میں برسر موقع دے دیا گیا ہے۔ لہذا ایسے سوالات کو چھوڑ کر میں نے یہاں صرف ان جامع امسائل سے بحث کی ہے جو بحیثیت مجموعی پورے قرآن سے تعلق رکھتے ہیں۔ ناظرین کرام سے میری درخواست ہے کہ صرف اس مقدمے کو دیکھ کر ہی اس کے

تشنہ ہونے کا فیصلہ نہ کر دیں، بلکہ پوری کتاب کو دیکھنے کے بعد اگر ان کے ذہن میں کچھ سوالات جواب طلب باقی رہ جائیں، یا کسی سوال کے جواب کو وہ ناکافی پائیں تو مجھے اس سے مطلع فرمائیں۔

※ ※ ※